HERMANOS GRIMM

Hansel y Gretel

Ilustrado por SUSAN JEFFERS

EDITORIAL EVEREST, S. A.

Colección dirigida por Raquel López Varela

Título original: Hansel and Gretel
Traducción: Alejandro Fernández Susial

SEGUNDA EDICIÓN

© 1980 Susan Jeffers
© EDITORIAL EVEREST, S. A. para la edición española
Carretera León-La Coruña, km 5 - LEÓN
ISBN: 84-241-3339-0
Depósito legal: LE. 1247-1999
Printed in Spain - Impreso en España

EDITORIAL EVERGRÁFICAS, S. L.
Carretera León-La Coruña, km 5
LEÓN (España)

Para Papá, Caroline y Bill

En el lindero de un gran bosque vivía un leñador con su esposa y sus dos hijos. El niño se llamaba Hansel, y la niña Gretel. Siempre habían sido muy pobres y tenían muy poco para vivir. Ocurrió entonces que una terrible escasez asoló la región, y el leñador apenas podía alimentar a su familia.

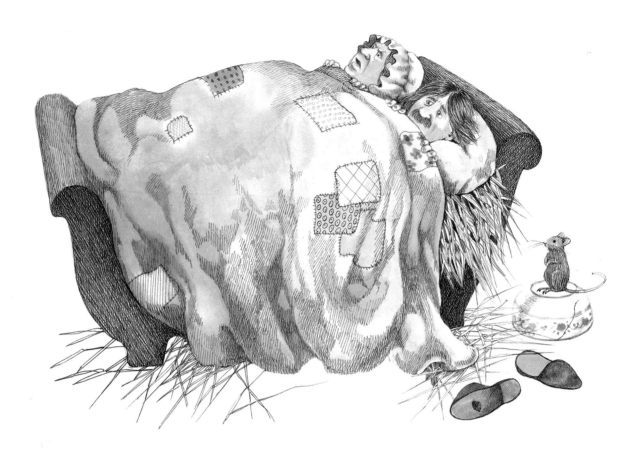

Una noche, despierto en su cama y angustiado por sus pro-
blemas, le dijo a su esposa:

—¿Qué va a ser de nosotros? ¿Cómo daremos de comer a
nuestros hijos, si no tenemos nada para nosotros mismos?

—Se me ocurre una idea —respondió ella—. Mañana por
la mañana llevaremos a los niños a la parte más espesa del
bosque. Encenderemos una hoguera y les daremos a cada uno
un pedazo de pan. Luego nos iremos a trabajar y los dejare-
mos allí. No conseguirán encontrar el camino de vuelta a casa, y así nos libraremos de ellos.

—¡Eso no! ¿Crees que tendría el valor de abandonar a mis
hijos en el bosque? —replicó el leñador—. Las fieras no tar-
darían en encontrarlos y devorarlos.

—¡Déjate de tonterías! —insistió la mujer—, o nos moriremos todos de hambre. ¡Mejor sería que fueses cortando ya la madera para nuestros ataúdes!

Y no lo dejó en paz hasta que accedió a sus deseos.

Pero los niños, del hambre que tenían, no habían podido dormirse y escucharon lo que había dicho su madrastra.

—¡Todo se ha acabado para nosotros! —lloraba Gretel, desconsolada.

—¡Calla, Gretel! —le susurró Hansel—. No llores más. Encontraré el modo de salvarnos.

Cuando el leñador y su esposa se durmieron, Hansel se levantó, se puso la chaqueta y se deslizó por la puerta. La luna resplandecía y las piedrecitas blancas que había alrededor de la casa relucían como monedas de plata. Hansel se arrodilló y recogió tantas como pudo meter en sus bolsillos. Luego, regresó junto a Gretel.

—Ahora duérmete —le dijo—, y estáte segura de que no moriremos en el bosque.

Hansel se acostó y se quedó dormido.

Al amanecer, antes de salir el sol, la madrastra vino a despertarlos.

—¡Arriba, holgazanes! Hay que ir al bosque a recoger leña. Aquí tenéis algo para comer —les dijo dándole a cada uno un pedazo de pan—, pero racionadlo bien, pues no habrá más.

Gretel tomó el pan y lo guardó en su delantal, ya que Hansel tenía los bolsillos llenos de piedrecitas.

Salieron todos, por fin, en dirección al bosque. Y mientras se alejaban, Hansel se detenía una y otra vez para mirar hacia la cabaña.

—¿Qué haces? —le preguntó su padre—. Ten cuidado y no te separes de nosotros.

—Nada, padre —respondió Hansel—. Miraba a mi gatito blanco, que está sentado en el tejado y me dice adiós.

—¡Qué tontería! —refunfuñó la madrastra—. No es un gato, sino el sol de la mañana que se refleja en la chimenea.

Pero Hansel no miraba al gato, ni mucho menos. Cada vez que se detenía, era para dejar caer al suelo una piedrecita blanca e ir señalando así el camino.

En medio del bosque, donde los árboles se hacían más densos, su padre encendió una hoguera para que no tuviesen frío. Tan pronto como comenzó a arder, la mujer dijo:

—Ahora, acostaos junto al fuego y descansad. Mientras, vuestro padre y yo vamos a cortar leña. Volveremos pronto a recogeros.

Hansel y Gretel se sentaron junto al fuego y, cuando llegó la hora de comer, cada uno tomó su pedazo de pan. Creían que su padre estaba cerca, pues podían oír el ruido del hacha, pero no era un hacha, sino una rama que su padre había atado a un árbol seco para que hiciese el mismo ruido al agitarla el viento. Los niños estuvieron esperando durante tanto rato que finalmente se quedaron dormidos.

Cuando se despertaron, ya era completamente de noche y Gretel comenzó a llorar:

—¿Cómo saldremos del bosque?

Pero Hansel la consoló:

—Espera a que salga la luna y entonces encontraremos el camino.

Cuando salió la luna, una luna llena, Hansel agarró a su hermana de la mano y ambos comenzaron a andar, guiados por las piedrecitas que brillaban como monedas de plata.

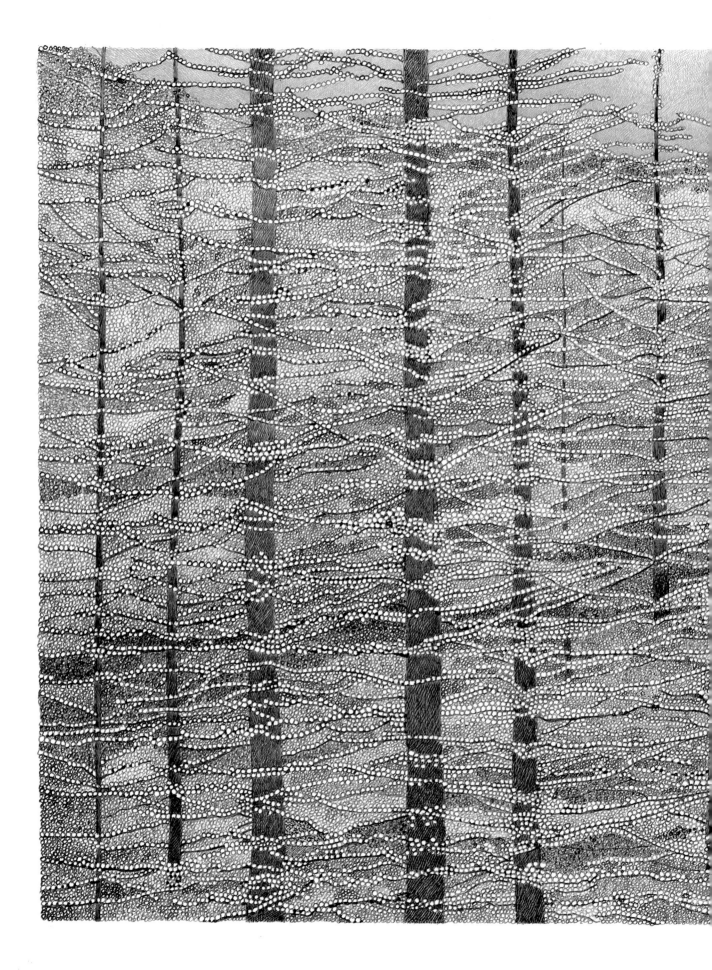

Caminaron durante toda la noche y, al amanecer, llegaron
por fin a casa de su padre.

—¡Qué susto nos habéis dado! —mintió la mujer al ver-
los—. ¿Por qué os quedasteis durmiendo tanto tiempo en el
bosque? Ya pensábamos que no queríais volver a casa nunca
más…

Su padre, en cambio, se alegró, pues se sentía profunda-
mente afligido por haberlos abandonado.

Poco tiempo después, volvieron a pasar grandes penurias, y una noche Hansel y Gretel oyeron a la mujer que hablaba con el leñador:

—Tan sólo nos queda media hogaza de pan. Los niños tienen que irse. Esta vez nos adentraremos aún más en el bosque para que no puedan encontrar el camino de regreso. No nos queda otro remedio.

El leñador quiso protestar, pero no le sirvió de nada. Como había cedido la primera vez, se vio obligado a ceder de nuevo.

Cuando todo estuvo en silencio, Hansel se levantó, con la idea de recoger más piedrecitas, pero la madrastra había cerrado la puerta con llave y no pudo salir. Aun así, animaba a su hermana:

—¡No llores, Gretel, y duérmete! No tienes por qué temer.

Por la mañana, muy temprano, la mujer hizo levantarse a los niños y les dio a cada uno un pedazo de pan, más pequeño todavía que el anterior. Por el camino hacia el bosque, Hansel desmigó su trozo de pan en el bolsillo y cada poco se detenía para dejar caer unas migas al suelo.

—Hansel, ¿por qué te detienes? —le preguntó su padre.

—Por nada, padre. Miraba a mi paloma, que está sentada en el tejado y me dice adiós.

—¡Qué tontería! —refunfuñó la madrastra—. No es una paloma, sino el sol de la mañana que se refleja en la chimenea.

Pero Hansel seguía esparciendo las migas por el suelo.

La mujer llevó a los niños al interior del bosque, hasta un lugar que nunca antes habían visto. De nuevo encendieron una gran hoguera.

—Quedaos aquí, niños —les dijo—. Y si os cansáis, podéis acostaros a dormir. Nosotros nos adentraremos en el bosque para cortar leña y por la tarde vendremos a recogeros.

A la hora de cenar, Gretel compartió su pan con Hansel, pues él había utilizado el suyo para señalar el camino. Se echaron a dormir, pasó la tarde y nadie vino a recogerlos…

Cuando despertaron, ya había anochecido. Hansel abrazó a su hermana y la consoló diciendo:

—Espera a que salga la luna, Gretel, y entonces seguiremos las migas de pan.

Cuando salió la luna, echaron a andar, pero no las encontraron. No sabían que los miles de pájaros que viven en el bosque se las habían comido todas, absolutamente todas…

—Encontraremos pronto el camino —dijo Hansel.

Pero no lo consiguieron. Estuvieron caminando a lo largo de toda la noche y durante todo el día siguiente sin lograr salir del bosque.

Tenían mucha hambre, pues sólo habían encontrado algunas bayas que comer. Finalmente, estaban tan cansados que se echaron a dormir.

Cuando se despertaron, por la mañana, ya habían transcurrido tres días desde que salieron de la cabaña de su padre. Siguieron caminando, pero lo único que hacían era adentrarse más y más en el bosque. Ya temían, incluso, que podrían morir si nadie venía en su ayuda.

A eso del mediodía, vieron un hermoso pájaro, blanco como la nieve. Su canto era tan dulce que se detuvieron para escucharlo. Cuando dejó de cantar, se puso a agitar las alas y a revolotear a su alrededor. Hansel y Gretel lo siguieron hasta un claro del bosque, y allí vieron una pequeña casa, la casa más hermosa con que jamás habían soñado.

Toda la casa estaba hecha de bizcocho; el tejado era de merengue y las ventanas de azúcar transparente. Los niños tenían tanta hambre que, sin pensárselo más, empezaron a comerla. Hansel se puso de puntillas y arrancó un trozo de tejado, y Gretel se acercó a la ventana y comenzó a mordisquearla. Entonces, oyeron una voz amable que les preguntaba:

—¿Es un ratón o una ratita
quien se come mi casita?

Los niños contestaron:

> —No es ratón ni ratita.
> Es tan sólo el viento,
> que sopla en el cielo
> y mueve tu casita.

Justo entonces se abrió la puerta y una mujer vieja, muy vieja, salió cojeando, apoyada en un bastón. Hansel y Gretel se asustaron tanto que la comida se les cayó de las manos.

Pero la anciana los tranquilizó:

—¡Hola, queridos niños! Entrad, entrad y quedaos conmigo. No temáis, no os pasará nada…

La anciana tomó de la mano a Hansel y a Gretel y se los llevó al interior de su pequeña casa. Allí los agasajó con una gran cena, a base de tortitas, azúcar, leche, manzanas y nueces. Una vez que acabaron de cenar, les ofreció dos pequeñas camas blancas. Hansel y Gretel se acurrucaron bajo las mantas y, calentitos y con la barriga llena, enseguida se quedaron dormidos.

Pero la anciana, que parecía tan buena, era en realidad una bruja. Había construido la casa de bizcocho para atraer a los niños.

Las brujas, por si no lo sabéis, tienen los ojos rojos y no ven muy bien de lejos, pero su olfato es tan fino como el de un perro de caza, y por eso saben cuándo se acerca algún ser humano. A esta bruja lo que más le gustaba eran los niños. Siempre que atrapaba a uno, lo cocinaba y se lo comía, disfrutando como si de un gran festín se tratara.

Tan pronto como Hansel y Gretel se durmieron, la bruja esbozó una perversa sonrisa:

—Ahora que los he atrapado —masculló—, no se escaparán.

Por la mañana temprano, antes de que los niños se despertasen, no pudo menos de echarles una ojeada en sus camas. «Serán un bocado delicioso», se relamía viendo aquellas sonrojadas mejillas.

Agarró a Hansel con mano firme y se lo llevó a un pequeño establo, donde lo encerró bajo llave. Aunque Hansel gritaba con todas sus fuerzas, de nada servía.

La bruja regresó después junto a Gretel y la despertó:

—¡Arriba, holgazana! Trae un poco de agua y cocina algo sabroso para tu hermano. Lo tengo encerrado en el establo, y tiene que engordar… Cuando esté bien gordito me lo comeré.

Gretel comenzó a llorar amargamente, pero tampoco sirvió de nada. Tenía que obedecer las órdenes de la bruja. La mejor comida siempre era para Hansel; ella, en cambio, tenía que conformarse con las cáscaras y los caparazones de cangrejos.

Cada mañana, la vieja bruja se acercaba cojeando al establo y ordenaba a Hansel que sacase un dedo para así comprobar cuánto había engordado.

Pero Hansel sólo sacaba el nudillo. La bruja, como ya sabéis, era corta de vista, y creía que el huesudo nudillo de Hansel era su dedo. No acertaba a explicarse por qué no engordaba.

Al cabo de cuatro semanas, la bruja comenzó a impacientarse y ya no quiso esperar más.

—¡Bien, Gretel! —le dijo—. Date prisa y trae agua. Gordo o delgado, mañana me comeré a tu hermano.

¡Qué triste estaba Gretel! Mientras acarreaba el agua, las lágrimas rodaban por sus mejillas. «¡Ojalá las fieras del bosque nos hubiesen devorado! Al menos habríamos muerto juntos.»

—¡Deja de llorar! ¡No te servirá de nada! —gritaba la bruja.

Por la mañana, muy temprano, mandó a Gretel llenar la olla y encender el fuego.

—Pero antes haremos el pan —dijo—. He calentado el horno y amasado la harina. Entra a ver si el fuego ya está suficientemente avivado.

Y empujó a Gretel hacia el horno.

Lo que la bruja pretendía era cerrar la puerta del horno, una vez que la niña estuviera dentro, y asarla. Pero Gretel adivinó sus malvadas intenciones:

—No sé cómo entrar —se excusó—. ¿Cómo se hace?

—¡Serás tonta! —refunfuñó la bruja acercándose a la boca del horno—. La entrada es suficientemente grande, ¿o no? Fíjate, hasta yo misma podría entrar...

Rápidamente, Gretel dio un empujón a la bruja, lanzándola de cabeza a las llamas, cerró la puerta de golpe y echó el cerrojo.

La bruja profería unos gritos horribles, espeluznantes, pero Gretel echó a correr y la dejó allí encerrada. Llegó al establo tan rápido como pudo y abrió la puerta.

—¡Hansel! ¡Hansel! —gritó—. Estamos a salvo. La vieja bruja ha muerto.

Hansel se precipitó como un pájaro al que le abren de pronto su jaula. Se abrazaron, se besaron, bailaron de alegría.

Ya no había nada que temer, así que volvieron a casa de la bruja. Por todos los rincones encontraron cofres llenos de perlas y piedras preciosas. Hansel llenó los bolsillos, y Gretel el delantal. Luego, se alejaron de allí apresuradamente.

No habían ido muy lejos, cuando llegaron a un gran lago.

—No podemos cruzarlo —dijo Hansel—. No se ve ningún camino, ningún puente…

—Mira —le indicó Gretel—. Allí hay un pato nadando; si se lo pedimos, a lo mejor nos ayuda a cruzarlo.

Entonces, la niña entonó una canción:

¡Cuá, cuá, mi pequeño pato!
Hansel y Gretel te esperan.
¿Querrías, si es de tu agrado,
llevarnos al otro lado?

El pato se acercó a ellos y los trasladó, primero a uno y luego al otro, hasta la otra orilla del lago.

Una vez allí, comenzaron a caminar por el bosque. A medida que avanzaban, los árboles y las colinas les iban resultando más familiares. Hasta que, por fin, pudieron divisar a lo lejos la cabaña de su padre.

Hansel y Gretel se precipitaron dentro y lo abrazaron. El pobre hombre, desde que había dejado abandonados a sus hijos en el bosque, no había tenido un solo momento de paz ni de alegría. Había ocurrido, por otra parte, que, mientras ellos estaban fuera, su mujer había muerto.

Gretel sacudió su delantal desparramando las perlas y las joyas por todo el suelo, y Hansel vació sus bolsillos.

Desde aquel momento, ya no pasaron más hambre y vivieron los tres juntos muy felices.